TODO TIPO DE AMIGOS

Texto
Norma Simon

Ilustraciones
Cherie Zamazing

Para Jessica, mi nieta y mi amiga, con cariño.—**N.S.**

Para Michele y Bobby, por creer siempre en mí y hacerme compañía
en el turno de noche. Os deseo amor siempre.—**C.Z.**

Puede consultar nuestro catálogo en
www.edicionesobelisco.com / www.picarona.net

TODO TIPO DE AMIGOS
Texto de *Norma Simon*
Ilustraciones de *Cherie Zamazing*

1.ª edición: abril de 2015

Título original: *All Kinds of Friends*

Traducción: *Joana Delgado*
Maquetación: *Montse Martín*
Corrección: *M.ª Ángeles Olivera*

© 2013, Norma Simon
(Reservados todos los derechos)
2013, Albert Whitman & Company
© 2015, Ediciones Obelisco, S. L.
(Reservados los derechos para la lengua española)

Edita: Picarona, sello infantil de Ediciones Obelisco, S. L.
Pere IV, 78 (Edif. Pedro IV) 3.ª planta, 5.ª puerta
08005 Barcelona - España
Tel. 93 309 85 25 - Fax 93 309 85 23
E-mail: picarona@picarona.net

ISBN: 978-84-16117-28-4
Depósito Legal: B-24.893-2014

Printed in India

Los niños que sienten confianza en quienes les rodean, gracias al compañerismo, el cariño, la paciencia, el respeto y la amabilidad, se sienten seguros. Crecen sanos y saludables en ambientes cordiales, en lugares donde la gente escucha a los niños, donde ellos se sienten individuos amados y apreciados, donde niños y niñas disfrutan de experiencias positivas. Nuestros primeros amigos suelen ser por lo general gente de nuestra familia. Las personas que conocemos y con las que entablamos amistad son gente que escogemos, de la misma manera que ella nos escoge a nosotros. A esto le llamamos hacer amigos.

A medida que los niños van desarrollando sus relaciones sociales más allá de los círculos familiares, suelen esperar encontrar amabilidad y comprensión. Y en las nuevas situaciones sociales en las que se mueven, como las guarderías, las escuelas infantiles y los jardines, niños y niñas se ajustan a los cambios y transiciones por los que van pasando. Muy pronto, su clase, la biblioteca y las casas de los otros niños serán nuevos lugares en los que les encantará estar e interactuar con otros niños y también con otros adultos.

Los primeros años de la infancia son una etapa en la que los niños conocen a gran variedad de personas. Aprenden a reconocer a las personas a quienes desean seguir e imitar, y a medida que su mundo se amplía, van aprendiendo de otros niños y de los mayores. Practican nuevas habilidades, como escuchar a los demás, juzgarlos, resolver conflictos de una manera tranquila y justa, responder a los sentimientos de otras personas y hablar con ellos.

Las pesquisas y aventuras sociales de la infancia aportan la seguridad, confianza y capacidad para afrontar las adversidades que todos los niños necesitan. Este libro pretende fomentar el diálogo entre los niños, y entre niños y adultos, acerca de la simpatía, la antipatía, la amistad y los tipos de amigos.

Norma Simon

¿Tienes amigos
en el cole?
¿Tienes amigos
en la familia?
¿Tienes amigos
de los que no te separas?
¿Tienes amigos a los que sólo
ves de vez en cuando?

Todos tenemos amigos de todo tipo.

A las personas les gusta tener amigos:
amigos pequeños,
amigos mayores,

viejos amigos,
amigos nuevos,
todo tipo de amigos.

Los amigos se gustan unos a otros.
A ti te gustan tus amigos.
A tus amigos les gustas tú.
Los amigos juegan juntos,
y comparten también juntos.

Los amigos van
a los sitios juntos,
hacen cosas juntos.
Juntos aprenden cosas nuevas
y juntos prueban cosas nuevas.

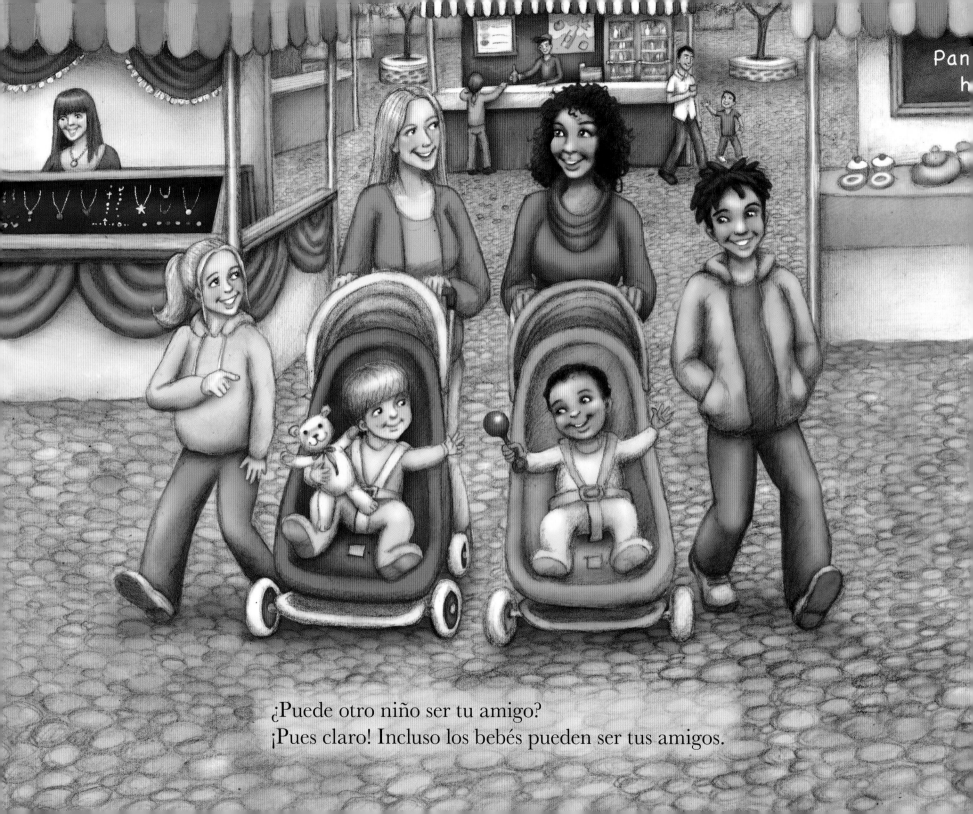

¿Puede otro niño ser tu amigo?
¡Pues claro! Incluso los bebés pueden ser tus amigos.

¿Pueden los adultos ser tus amigos?
¡Seguro que sí!
A la mayoría de los mayores les gustan
los niños y quieren ser sus amigos.

Y un perro, ¿puede ser tu amigo?
¡Segurísimo!

¿Y los juguetes, las muñecas y los peluches que más te gustan?
¿Pueden ser tus amigos?
Pues claro que sí, los mejores amigos.

Y si tienes un gato o un perro,
o bien un pájaro o un hámster,
llegarán a ser tus mejores amigos.
Se ponen contentísimos cuando llegas
a casa y estás con ellos.

¿Cómo explicar lo contentos
que se ponen al verte?

Lo más importante de los amigos
es que los quieres
y ellos te quieren a ti.

Hablas y te escuchan
de verdad.

Te sientes feliz cuando los ves
Se sienten felices al verte.

A veces los amigos se enfadan muchísimo.
Tú o tu amigo os decís o hacéis cosas
nada cariñosas ni amables.
Los dos os sentís fatal,
hasta que habláis de ello.

Tu amigo dice:
«Lo siento».
Tú contestas:
«Lo siento».

Los dos queréis volver
a ser amigos,
y, entonces,
volvéis a ser
de nuevo amigos.

Cuando tu familia se va a vivir a otro sitio,
o cuando tus amigos se van,
resulta duro decir:
¡Adiós!

Pero siguen siendo tus amigos.
Puedes escribirles,
hablar con ellos,
o incluso visitarlos.

Podéis seguir
siendo amigos,
aunque viváis
uno lejos del otro.

Cuando llegas a un sitio nuevo,
donde no conoces a nadie
y nadie te conoce a ti,
lo pasas un poco mal.
Pero enseguida los otros niños
te preguntan:
«¿Cómo te llamas?»,
«A qué colegio ibas antes?».
Y tú te aprendes sus nombres.

Enseguida los niños
empiezan a jugar contigo.
Comienzas a conocerlos,
y ellos a ti.
Entonces ya no es tan duro.

En un plis plas
tienes un amigo nuevo,
dos amigos nuevos,
unos cuantos amigos nuevos.

Los amigos son importantes cuando eres niño.

Y también cuando eres mayor.

Dondequiera que vivas, seas quien seas,
los amigos son importantes,
todo tipo de amigos.